CENNO STORICO

DELLA BADIA (NULLIUS)

DI MONTEVERGINE

SCRITTO

DA D. GUGLIELMO DE CESARE

MONACO VERGINIANO

(Estratto dall' Enciclopedia dell'Ecclesiastico tom. IV, pag. 771 a 776).

NAPOLI
DALLA TIPOGRAFIA DI G. RANUCCI
Vico dei ss. Filippo e Giacomo, Num. 26.

1848

In the interest of creating a more extensive selection of rare historical book reprints, we have chosen to reproduce this title even though it may possibly have occasional imperfections such as missing and blurred pages, missing text, poor pictures, markings, dark backgrounds and other reproduction issues beyond our control. Because this work is culturally important, we have made it available as a part of our commitment to protecting, preserving and promoting the world's literature. Thank you for your understanding.

Quantunque tutto il creato manifesti la presenza di Dio, e le opere formate dalla sua mano gli alzino un inno di gloria, pur sembra che egli abbia eletto sempre le sommità dei monti per darci un'idea maggiore di sua grandezza, per manifestarci vieppiù la sua potenza, per diffonder, dall'alto su la terra, le benedizioni e le grazie. E certamente sulle ardue vette lo spirito si leva più libero a Dio, ed il corpo risente meno della materia. Abramo, chiamato dal Signore, salì sul Moria per immolarvi suo figliuolo, immagine e simbolo del Redentore. Salì sul Sinai Mosè, ove dalla mano dell'Eterno ricevette le tavole della legge, mentre alle falde del monte insaniva nell'idolatria il popolo d'Israele: sulle cime di un monte invocava dipoi il favore del Dio degli eserciti, e sopra il Golgota compivasi l'umano riscatto. Questi pensieri, che mirabilmente si annodano ai misteri più sacrosanti di nostra Religione, spinsero i primi anacoreti a cercare inaccessibili rupi e altissime rocce per segregarsi dal mondo e sollevare a Dio l'animo e la mente. E però sul Partenio, uno dei più elevati monti del Sannio Irpino, oggi Principato settentrionale, S. Guglielmo da Vercelli, all'incominciare del duodecimo secolo (1), fondò la badìa di Montevergine. Unico germe di nobilissima stirpe, orbo di genitori, disprezzando gli agi e le ricchezze, lasciò

---

(1) L'anno 1119.

di soli quattordici anni la patria, che in quei tempi era una delle più famose città dell'Insubria. Confortato di quello spirito di umiltà e di fervore, che parlava potentemente al cuore dei primi eroi del cristianesimo, si diede tutto alla penitenza ed al pellegrinaggio; e videsi un giovanetto nato agli agi e alle delizie, cinto i lombi di aspri cilicì, coperto di abbiette vesti, imprendere a piè nudi lunghi viaggi, disprezzarne animosamente i pericoli. Reduce dalle Spagne in Italia, venerate le sante romane basiliche, passò in questa parte meridionale della penisola con l'animo di trasferirsi alla visita del sepolcro dell'Uomo-Dio, ove in quel tempo correva armata l'Europa intera per redimere dalla profanazione ottomana quei luoghi, in cui si compirono i più venerandi misteri dell'umana redenzione. Ma l'Oriente non ofù la terra assegnata al nostro santo. Il monte Partenio, che testè ricordammo, fu l'asilo a lui destinato dalla Provvidenza.

Era, fin dalla più remota antichità, stato eretto su questo monte un vasto tempio dedicato alla madre degli dei, al quale, come in tributo, da Napoli, da Nola, e da tutte le circostanti città s'inviavano i simulacri delle loro deità protettrici (1), facendone così quasi un tempio comune, ove tutti andavano quei popoli a recar le loro offerte e i loro voti.

Ma donde derivasse a questo monte il nome di *Partenio*, ossia *vergine*, è dubbio ancora tra gli eruditi. Una costante tradizione tiene che il gran cantore di Enea abbia lungo tempo fermata stanza nel tempio sacro a Cibele; anzi ci ha un luogo, ove maggiormente l'erbe medicinali abbondano, che addimandasi tuttavia orto di Virgilio, ed il monte stes-

(1) Molti di questi simulacri conservansi tuttavia nel cenobio verginiano.

so, prima che avesse il presente suo nome, virgiliano appellavasi (1). Ed è da notare che fra i nomi dati all'epico sovrano era quello di Partenio. Il perchè, volendo concordar la tradizione con questo fatto, ei par verisimile che il nome del poeta sia passato al monte a lui caro ed accetto. Ma più care memorie, e nome più glorioso eragli serbato appresso agli avvenire, quando al falso culto degli antichi numi fu sostituito quello del vero Dio.

In questo monte trovarono asilo il vescovo d'Antiochia S. Modestino, e i due suoi compagni Florentino e Flaviano. Tra queste rocce il vescovo di Nola S. Felice ed i martiri nolani Felice e Massimo si nascosero al furore dei persecutori, e vi morì nel Signore S. Vitaliano vescovo di Capua: e allora il monte fu detto sacro. Quivi, adunque, ove tanti insigni atleti di nostra religione trovarono il loro scampo, una divina ispirazione chiamò il giovane Guglielmo, che, in quella solitudine, si abbandonò, oltre ogni dire, alla preghiera ed alle più dure penitenze, seguendo così l'esempio di quei primi campioni della Chiesa di Dio, i quali con l'austerità della vita avevano santificato quel monte. In questo mezzo venne consolato dall'apparizione del Redentore, che gli comandò di edificare in onore della Vergine su le rovine del tempio innalzato a Cibele, un eremo, che, col proceder degli anni, divenir dovea una delle più famose badie del nostro reame. Gli prescrisse pure che, per la santità del luogo e per maggior venerazione alla Madre di Dio, non si fosse ivi fatto uso che de' soli cibi quaresimali. Guglielmo corrispose sollecito ai divini voleri. In brevissimo tempo sorse su quel monte una chiesetta, (2) che

---

(1) Cronaca in pergamena, esistente nell'archivio della badia, scritta in carattere longobardo da S. Giov. monaco di Montevergine.
(2) L'anno 1124.

prestamente fu consacrata da Giovanni vescovo di Avellino, ed un piccolo eremo abitato da pochi cenobiti, cui l'esempio del santo avea in quel luogo chiamati alla contemplazione ed alla preghiera.

I santuarî dei cristiani vantano, quasi tutti, un'origine pura come la loro religione. Quegli eremi antichissimi, santificati dalla pace e dalla innocenza, ispirarono, sin dal primo nascere, il rispetto e la venerazione nei fedeli che corsero sempre in folla ad ammirare le sublimi virtù esercitate da quei claustrali, ad offerire pie oblazioni, e a depositarvi con sicurezza gli oggetti più cari, in tempi nei quali le fazioni, le rapine, le invasioni straniere turbavano non solamente le contrade d'Italia, ma di tutta quanta l'Europa. La qual cosa, che può dirsi di tutti gli antichi cenobî, avverasi singolarmente in quello di Montevergine.

L'opera di S. Guglielmo, renduta già chiara e famosa da portenti da lui operati, non poteva non prosperare sempre più di giorno in giorno. Ma perchè Guglielmo dispensava ai poveri le quotidiane offerte che a lui si facevano, questa liberalità non piacque a'suoi compagni; i quali, non essendo mossi dallo stesso spirito che consiglia *nolite cogitare de crastino*, mal sapevano lasciare il domani alla Provvidenza, e, facendosi guidare da una più che mondana prudenza, volevano che delle offerte cose una parte almeno ad uso del cenobio si conservasse. Il santo cenobita, temendo il maggior detrimento delle anime (1), dati i suoi ordini, eletto il beato Alberto a suo successore, si partì per cercar nuove solitudini, e fondar nuovi monasteri. Iddio

---

(1) *Tandem insanis vocibus in clamores prorumpunt, cum bona Ecclesiae, quae communia sunt, eis invitis, pauperibus erogarent. Metuens (Gulielmus) ne ad majora animorum detrimenta, suis factis, incideret, recessit, majorem locorum asperitatem inquirens.* Cron cit.

però non permise che l'opera di S. Guglielmo dovesse perire in sul nascere. Le preghiere del santo, il ravvedimento de' monaci, la pietà dell'abate successogli nel governo, conservarono al nascente cenobio la protezione della Vergine, facendo risorgere i primi esempî del santo fondatore si, che, accresciuto il numero e la santità de' primi claustrali, il piccol eremo e la chiesetta presto si mutarono in un gran cenobio ed un magnifico tempio, consacrato solennemente nel dì 11 di novembre del 1182 da due arcivescovi, di Benevento e di Salerno, da tredici vescovi, e da sei abati. E fu tale il grido della santità del luogo, tale la venerazione che si ebbe, sin dal bel principio, al cenobio verginiano, che pontefici, imperadori, re, principi, ed altri personaggi ascesero la sommità del monte per venerare quel sacro luogo, ove fecero sovente lunga dimora. Sarà sempre cagione di filiale tenerezza e di devozione profonda il considerare che gareggiarono tutti in arricchirlo di privilegi e di concessioni. E qui protestiamo di accennare soltanto le vicende principali di questa badìa, senza addentrarci ne' particolari suoi fasti. E però ci basti il ricordare che fin dal 1126 la badìa con tutte le terre a lei concedute fu dichiarata esente dalla giurisdizione del vescovo diocesano. Giovanni pastore della Chiesa di Avellino ne fece cessione solenne al santo fondatore col consenso del clero (1): la confermarono poi i vescovi successori di lui, Roberto e Guglielmo. Questa rinuncia spontanea fu approvata da' pontefici, e particolarmente da Alessandro III. che confermò nella grande famiglia di S. Benedetto la istituzione verginiana, da Lucio III, da Urbano III, e dipoi da Urbano IV, con bolla del 1164,

(1) Nel codice dei censi di Cencio Camerario dell'anno 1191, pubblicato dal Muratori (Tom. VII. *antiq. med. aev.*) questa badia vien dichiarata, appartenente *ad Dominum Papam specialiter.*

sottoscritta da tredici cardinali. Lo stesso pontefice dichiarò la badìa e la sua diocesi immediatamente soggette alla S. Sede, e concesse all'abate diritti e privilegi episcopali. Fecero altrettanto Celestino V, l'immortale Sisto V. ed altri (1); e per queste apostoliche largizioni s'ebbe il capo della badìa di Montevergine la facoltà di benedire i novelli abati, di conferire gli ordini minori, di amministrare il sacramento della confermazione, di convocare i sinodi diocesani, e di largire le sante indulgenze nelle benedizioni solenni.

Ma se di tanto erano larghi i romani pontefici verso la badìa, non minori certamente furono le regie beneficenze. E noi noteremo particolarmente che il fondatore della monarchia, Ruggiero, non si stette contento solo a dichiararla sotto la sua speciale protezione ed arricchirla di feudi, ma chiamò ancora presso di sè in Palermo il santo institutore che tanto venerava. Gli concesse l'ampio monastero sotto il titolo di S. Giovanni degli eremiti, e volle che i superiori *pro tempore* fossero confessori, consiglieri, familiari, e cappellani maggiori del re (2). I sovrani Guglielmo I. e II. estesero la loro reale protezione anche ai vassalli del cenobio verginiano. In quei tempi il feroce e tirannico governo dei baroni, le atrocità de'grandi spargevano dappertutto la desolazione ed il terrore. Era uno scettro di ferro quello che pesava sul popolo vassallo: era comune il danno, e sentito il bisogno di un asilo sicuro. Il paterno reggimento dell'abate di Montevergine divenne il faro, a cui si sollevavano le pupille e le speranze degli oppressi.

(1) Vol. 1 a 10 dell'archivio. Vedi la nostra « Memoria per la Congregazione di Montevergine. Roma tip. Salviuc. 1840. »

(2) *Primus Abbas*, scrive Pirri (*Sic. sac. tom. 2.*) *Joannes de Nusco in regimine et fundatione, Gulielmi sectator, Regis Consiliarius, Familiaris, Cappellanus major, Pater et Confessarius constitutus an.* 1168.

All'ombra del santuario, rispettato ed esente dalle baronali sevizie, si ricoverò gran numero d'infelici che fuggivano l'oppressione e gl'insulti, l'abate assegnò loro uno spazio di terra per due case ed un orto (1). Questo ricovero divenne presto un villaggio che, dall'antico ospizio fondatovi dal santo Cenobita per i monaci infermi e per i poveri e pellegrini, prese, e conserva tuttavia, il nome di ospedaletto. Questo facevasi nella terra badiale ed in tal modo confermasi quella verità, che tanto onora la famiglia di S. Benedetto, che le grandi opere di cristiana religione furono sempre congiunte con quelle dell'umanità e della civil comunanza. Queste largizioni narrate da padre in figlio procacciarono al cenobio verginiano quella riverenza, che il processo dei secoli, le vicende dei tempi, le generazioni che si successero non hanno estinta giammai. Errico VI. donò alla badìa la terra di Mercogliano, il cui castello (2) e le mura abbattè la prima volta il re Ruggiero I. per far onta a Rainulfo, a cui lo aveva tolto. Federico II. imperatore, come che avesse dichiarate nulle le donazioni fatte senza il regio suo consentimento, ne eccettuò solamente quelle di Montevergine. Nè qui cessarono gl'imperiali favori. Volle, per legge di eccezione, che fossero esenti da pubbliche imposizioni e balzelli i soli vassalli verginiani. E non è difficile l'immaginare quanto questa esenzione contribuì a destare il pubblico amore e il rispetto verso la badìa, e quanto desideravasi l'esserne vassallo.

(1) Vol. 77 dell'Arch.
(2) Dipl. dei 30 marzo 1145 in Bari « Questo castello (il cui *custos Castri* nominavasi dall'abate), fu un tempo così famoso che re Ladislao nel 1465, per motivi di guerra, domandò ad imprestito dall'abate Pandulfo di Tocco, suo consigliere, con obbligo di restituirglielo, siccome fece, dopo tale emergenza. *Jacuzio Brevil. di M. V.* Nap. 1777. »

Alfonso I. d'Aragona estése la giurisdizione temporale dell'abate, e volle che dal solo suo tribunale si prendesse conoscenza delle cause civili e criminali riguardanti i suoi vassalli: esenzioni e dritti richiesti dagli usi di quei tempi, nei quali l'unità era scissa, e divisa la potenza dei baroni, talvolta formidabile, sempre arbitraria. L'immenso feudo di Mezzoiuso in Sicilia, e quello di Cillano in Barletta furono donati alla badìa dal Re Ruggiero I; quelli di Sambuco e di Quercia in Napoli da Guglielmo II. Il re Roberto donò le terre di Mugnano, Cardinale, e Quadrelle. La regina Giovanna e Luigi di Angiò concedettero Terranova, Pietradefusi, Sangiacomo, Sammartino, Cubante, Cucciano, Lentace, Fistarolo e Cervarolo. Infiniti furono gli altri beni donati da altri principi; ricorderemo solamente Montella nel territorio di Lauro, Casamarciano in Nola, Tripercole in Pozzuoli (1).

Mentre così avanzavasi la badìa, e le ricchezze a lei concedute si riversavano sul povero, una luce più pura venne ad irradiar la sommità del monte Partenio. Era il prezioso deposito di molti sacri corpi e reliquie, per lo quale e per la prodigiosa immagine di Maria, il santuario di Montevergine vien riputato meritamente tra i primi dell'orbe cattolico.

La brevità richiesta dalla natura di un articolo non consente che ci facciamo a sporre come e quando il santuario entrò al possesso di tanti tesori, che sono l'ammirazione dell'universale per la rarità loro ed il numero: diremo so-

(1) Tra i moltissimi privilegi conceduti dalla munificenza dei sovrani, è qui da ricordare ancora che Carlo Martello, re d'Ungheria, col consenso del padre suo, Carlo II, re di Napoli, volle conceduto il dritto di *prelazione*, per lo quale niun genere di salsume poteva esporsi in vendita nella grande fiera di Salerno, se prima non ne fosse provveduta la badìa, ove, come già dicemmo, non potevasi di altri cibi usare; e questo privilegio non ebbe fine che con l'abolizione degli ordini monastici.

lamente che dalla divozione dei principi e delle città (1) vennero trasferiti su questo monte, riputato, com'era, inviolabile in quei tristissimi tempi, nei quali erano frequenti le profanazioni eziandio delle cose sacre. Nè brevi esser potremmo se solo volessimo farne un distinto catalogo. Ma non possiamo però non ricordare, che in questo tempio riposarono per più secoli le gloriose spoglie di S. Gennaro, primo patrono della città di Napoli e di tutto il reame. Ferdinando I. d'Aragona a nome della città e del popolo napoletano, per mezzo del cardinal Oliviero Carafa, implorò dal pontefice Alessandro VI. la facoltà di trasferire nella metropoli quel sacro deposito. Fu penoso dovere ai claustrali cedere alle pie domande di un re, all'oracolo del pontefice, alle preghiere di un popolo che veniva in quel tempo afflitto e travagliato dal flagello della peste. La traslazione di quelle sacre spoglie fu fatta dall'arcivescovo Alessandro Carafa nel dì 13 di gennaio del 1497 con pubblica esultanza del popolo napolitano, che va santamente superbo di un acquisto che costò tante lagrime ai cenobiti di Montevergine, i quali non altrimenti acconsentirono che con ritenere una parte almeno del cranio del santo. Iddio però benedisse quel sagrifizio, diffondendo maggiormente la divozione e la fiducia verso quel santo vescovo (2). Accadde questo trasferimento un secolo e mezzo dopo che Caterina de Valois ebbe sul sacro monte recata la miracolosa immagine della Vergine, che Baldovino II, costretto a lasciare l'impero d'Oriente, e a fuggirsi di Costantinopoli, portò seco tra le cose che gli fu dato in fretta di raccogliere. Caterina, che ne fu l'erede, e il consorte di lei Filippo d'Angiò, correndo l'anno 1310, la depositarono essi medesimi nella

---

(1) Ved. gli scrittori della Cron. verg.
(2) Ist. geneal. di Biagio Aldimari della fam. Carafa Nap. 1691.

— 12

chiesa del santuario, ove da oltre a cinque secoli è custodita gelosamente dai claustrali (1). Bello è il vedere, spezialmente nella stagione dei fiori, accorrere un immenso numero di devoti, che muovon di Napoli e dalle più remote provincie del regno per visitare quella santa immagine. La religione, che è profondamente scolpita nel cuore del popolo napolitano, lo determina a quel disastroso cammino per conseguire le sante indulgenze, per isciogliere i loro voti a piè de'sacri altari. Da Mercogliano, *Mercurii arae*, terra posta alle falde del sacro monte, mentre alta è la notte, muovono le turbe devote per le ardue vette, scortate da mille e mille faci che, fra quei dirupi, fra le roveri annose e gli alti castagni, ora si mostrano, ora si nascondono su per la via che serpeggia. Offre uno spettacolo gran-

(1) Crediamo di dover qui notare, che la sola sacra testa del quadro della Vergine fu in Italia portata da Baldovino II, cui riusciva quasi impossibile, fuggendo, il trasportare di Costantinopoli la grande tavola, sulla quale era dipinta l'augusta immagine. Il rimanente del quadro restò in Costantinopoli, e vi fu aggiunta altra testa, siccome a quella recata da Baldovino, l'imperatrice Caterina, erede di lui, fece dipingere il restante della figura ed il bambino da Montano di Arezzo lodato pittore dei suoi tempi (De Masellis. Iconol. di M. SS. Nap. 1654. Cit. Jacuzio, Zodiaco Mariano, Stell. XI). E difatti, esaminata da vicino la tavola, ove è dipinta la Vergine del cenobio, si vede, in un batter d'occhi, uscir fuori la parete su cui è dipinta la sacra testa sì, che chiaramente scorgesi di essere stata segata. Questa parte della tavola è di legno-cedro e di maggiore spessezza del rimanente del quadro, il quale è di altra sorta di legno, roso in più parte dalle tignuole, come anche in più parti le tinte si sono alterate, ove quelle del sacro volto sembrano ancora fresche. Tutte queste cose non avvertite dai Bollandisti, che affermarono dipinta in tela la mentovata immagine (25. *Junii appendix*), gli spinsero, come su la loro autorità altri scrittori che supposero, di più, intero il quadro della Vergine, a congetturare che la sacra immagine fosse venuta da Gerusalemme.

dioso e commovente questa processione notturna. Con animo confidente inalzano preghiere alla Vergine, cantano inni devoti, e molti fanno a piedi nudi il viaggio. Giunti ove si erge sublime il santuario di Maria, attendono silenziosi che il suono della gran campana monastica annunzi che già si schiudono le porte del tempio, ove entrano riverenti e commossi. Sembrano figli che giungono dopo un lungo viaggio sotto il tetto paterno. Questa bella esultanza, questo numeroso concorso ha luogo particolarmente nei dì della Pentecoste e nella natività di Maria Santissima. Ed è qui a ricordare che il divieto de'cibi pasquali, imposto a S. Guglielmo dal Redentore, è serbato con tanta severità, che avvenimenti prodigiosi, tradizioni non interrotte confermano quanto è piaciuto alla Madre di Dio questa specialità di religiosa astinenza. Quel divieto infonde ne'popoli un salutare terrore, che non ardiscono irridere anche i più miscredenti. La Provvidenza suscitò talora i turbini e le procelle per confondere gl'irriverenti, che osarono violare quel divino comando. Tali prodigi, narrati concordemente da tutti gli storici, ci dispensano di enumerarli, bastandoci solamente di riferire il tristo caso che leggesi in una lapida posta all'ingresso della foresteria del cenobio »

COELESTI . DIVINOQUE . CONSILIO
INTERDICTUM
NE . HUC . EX . CARNE . EPULÆ . AUT . EX . LACTE . EDULIA
IMPORTENTUR
UTI . SEPIUS . EX . PRODIGIIS . ACCIDIT . TESTATISSIMUM
ANNO . SIQUIDEM . MDCXI . MEDIA . VIGILIÆ . PENTECOSTES . NOCTE
SUBDOLA . SCELESTORUM . CONIURATIONE
VETITIS . ID . GENUS . CIBARIIS . INVECTIS
REPENTE . PLURIMA . VIS . IGNIS . ERUPIT
UNIVERSIS . MORTIS . TIMORE . EXHORRESCENTIBUS
QUADRIGENTOS . OPPRESSIT
ATQUE . HASCE . CONVENARUM . AEDES . EVERTIT . AEQUAVITQUE . SOLO
QUAS . URBANUS . DE . RUBEIS . ABBAS . GENERALIS
AC. DIOECESEOS . ANTISTES . AB . INCHOATO . RESTITUENDAS
INDE . AD . SERAE . POSTERITATIS . DOCUMENTUM

Il corso della narrazione ci mena ora a parlare del tempio, che è la chiesa cattedrale della diocesi, di cui toccheremo sol brevissimamente. Si eleva esso maestoso sul monte, tra il cenobio e la foresteria, e lo stanco pellegrino lo saluta dopo un penoso cammino. Un vasto recinto ne precede l'ingresso. La sua architettura è a sesto acuto, e in tutte e tre le navate, onde è formato, veggonsi profusi i marmi più preziosi. Una sacra riverenza, un sentimento tenero e religioso par che tutto ti occupi l'animo alla vista di quel vasto tempio, ove ti si annunzia ad un tempo la gara della magnificenza e della pietà. Qui sono aperti a tutti i tesori delle sante indulgenze (1). Moltissimi monumenti, e specialmente quelli della moglie del famoso Ser Gianni, di Caterina della Lionessa e de'due Visconti; il sarcofago di Minio Procolo, che Manfredi destinava per la sua tomba; le statue di Nostra Donna delle Grazie, dell'arcangelo S. Michele, de' SS. patriarchi Benedetto e Guglielmo; il gran ciborio di marmo pario, intarsiato di antichi mosaici ed abbellito di dorati arabeschi, dono di Carlo Martello; le colonne di porta santa, rinvenute tra le rovine del tempio di Cibele; e da ultimo gl'intagli in legno, che accennano o al decadimento delle arti, o al rinascere, e la cattedra istessa dell'abate innalzata nella basilica; tutte queste cose rendono vieppiù mirabile e maestoso il sacro edifizio, e destano in chi vi entra tal venerazione, che quan-

---

(1) Moltissimi pontefici arricchirono di sante indulgenze il tempio della badìa, ma particolarmente Alessandro III e Lucio III concedettero indulgenza plenaria a chi devotamente visitasse il santuario verginiano, ove l'abate, parimente per concessione apostolica, nomina tra i suoi monaci quattro penitenzieri maggiori colle medesime facoltà che hanno quelli della casa santa di Loreto. Nel mentovato tempio sono pure sette altari privilegiati *ad instar* di quelli della basilica di S. Pietro. *Jac. cit.* — *De Masell. cit.*

to più profondamente si sente nell'animo, tanto meno si può esprimere con le parole.

Magnificenza maggiore si ammira poi nella cappella sacra alla Vergine costantinopolitana, della quale testè discorremmo. Il pavimento e le pareti tutte di splendidi marmi; i dipinti rappresentanti le festività di Maria; la tomba dell'imperatrice Caterina e de' due suoi figliuoli, Ludovico e Maria, grande ornamento le aggiungono. Ma il suo più gran pregio e il maggiore ornamento è l'immagine di Maria fregiata di triplice aurea corona, una delle quali, l'anno 1712, venne dal Capitolo Vaticano donata al monastero. Si erge questa sacra tavola sopra un magnifico altare di marmo, ricco di sontuosi doppieri, abbellito di due grandi colonne, alle quali sovrastano le statue di S. Luca e di S. Matteo. Il mentovato Ludovico d'Angiò destinò dieci claustrali col titolo di canonici al servizio della cappella e li volle al tutto consacrati al culto della Vergine (1), la quale, generosa dispensiera di celesti grazie, fa che il tempio continuamente risuoni delle voci di chi o novelle grazie le chiede, o la ringrazia di quelle già ottenute.

Compie l'ornamento del tempio il nuovo organo fatto costruire non ha guari. Emulando i nuovi cenobiti la magnificenza e la pietà degli antichi, vollero, come che con modi ineguali, accrescere lo splendore della casa di Dio. Splendida pruova dell'arte moderna, che, nel magistero, nell'armonia, e nel numero prodigioso de'suoni, potrà essere emulato, e non mai superato da alcun altro. Così, in quella solitudine, il suo armonioso concento, misto agli inni de'cenobiti e ai devoti canti del popolo, innalza all'Altissimo il più puro tributo di vera e filiale adorazione.

Ma, quantunque per tanti titoli fosse celebre e venerata la badìa di Montevergine, non fu meno per la santità

(1) Vol. IX. de' diplomi.

de' cenobiti. Ne fa certa fede la propagazione dell'instituto, innalzandosi sin da'suoi primi giorni, monasteri da per tutto, particolarmente nelle due Sicilie, ove l'abate aveva che da lui dipendevano, meglio di dugento case, oltre quelle di sacre vergini, appartenenti alle più cospicue famiglie del reame (1).

Gravissimi autori hanno descritta la vita penitente ed austera di tutti que'cenobiti, e lo stesso pontefice Lucio III. allorchè fu a visitare la badìa, ebbe ad esclamare: *Iudico hos homines Angelorum potius quam hominum vitam agere* (2). Non è però da stupire, se molti e molti cenobiti verginiani furono sublimati all'onore degli altari (3).

Tutti coloro che visitano il santuario, venerano devotamente il corpo del servo di Dio Fra Giulio da Nardò. Que-

(1) *Jac. cit.*
(2) Cit. Cron. di *S. Giov.* — Mabillon, *An. Ben. tom. VI.* — Boll. tom. 5. — Card. Petr. *in comm. ad Coust. Caelest. III.* — *Quid referam*, scriveva il Gravina, (*in lib. vox turturis c. 13*), *caeteras vineas, ut insignis religionis Montis Virginis, quae S. Gulielmi instituta sequitur ? Hic cernes homines angelorum vitam esse aemulatos, in carne praeter carnem viventes: frequentiora jejunia admiraberis; orandi Deoque vacandi sedulitatem, et quod omnium caput est, propriae voluntatis abnegationem.*
(3) È qui da notare che un tal arciprete Noia si fece a contrastare nel secolo passato, che S. Amato stato vescovo di Nusco non fosse prima appartenuto alla congregazione Verginiana. Il suo libro che conculca parimente la verità ed il buon senso, che nega le tradizioni ed inventa favole, fu solennemente riprovato dalla S. Sede. Noi ci rimettiamo a quanto ne scrissero Mr. Sandulli: *Apologìa* Nap. 1733 — e dipoi il teologo F. Amato Maria di S. Agata, cittadino Nuscano, nella vita del servo di Dio de Mita. Nap. 1793, i quali nulla lasciano a desiderare in proposito. E, però, ci basti qui dire che il solo testamento di S. Amato, di cui si credono in possesso i cittadini di Nusco, toglierebbe questa splendida gloria alla congregazione verginiana; ma quel testamento appunto, che dai Bollandisti fu dichiarato *monumentum nullius fidei*, si rendette invi-

sti che fu nella musica valentissimo, che fu in vita di edificazione de'compagni, che visse nella penitenza e nella compunzione, dopo aversi predetta la morte, supplicò l'abate, perchè fosse sepolto sotto il pavimento della cappella della Vergine: voleva così per umiltà esser sotto a'piedi di coloro che visitavano il santuario, come per la stessa virtù, tutto che appartenente a nobilissima famiglia e degno del sacerdozio, non avea voluto che indossare l'umile saio di converso della badìa. Fu secondata la sua preghiera. Dopo alcuni anni si trovò incorrotto il suo corpo. È un prodigio che dura da due secoli il vedere che, per la umidità del luogo, marciscono le vesti, onde è coperto, l'urna ove giace; ed il suo prezioso corpo non dimostra alcun segno di corruzione, e conserva intatti i nervi, la pelle, le cartilagini, e persino gli occhi. Iddio è sempre mirabile nè servi suoi (1).

Ma in mezzo a tanta grandezza e a tanta gloria, si pre-

sibile per oltre un secolo, e fu con ostinazione negato alle incessanti premure dell'erudito mons. Sandulli, il quale dopo le inutili dimande fatte al vescovo di Nusco di quel tempo, per osservare questo importante documento, ricorse anche alla s. Sede, da cui ottenne opportune disposizioni per l'esibizione di questo documento, che si diceva allora conservarsi or dal Capitolo, or da altri. Eppure (cosa incredibile!) quel documento che avrebbe potuto rimuovere ogni dubbio, giustificare l'opera del Noia e smentire il Sandulli, non solamente non si volle mai produrre e sporsi alla critica degli eruditi, ma si tenne invece ostinatamente celato, e si rispose alla s. Sede di essersi sperduto!!! Sorge ora dopo più di un secolo per opera dell'odierno prelato della Chiesa di Nusco e vedesi esposto alla pubblica venerazione.

Quella pergamena che giusta il fatto attestato da contemporanei, era logora dagli anni, e nel millesimo viziata, è risorta bella, chiara e intatta a dispetto delle ingiurie de' tempi.

Se anche questa apparizione fosse dovuta allo spirito di devozione, noi non sapremmo applaudirla, perchè in manifesta contraddizione con la verità e con la critica.

(1) Giordano Ab. *Cron. di M.V.* Napoli 1649.

paravano avvenimenti che doveano esser funesti alla badìa. Le vicende, a cui soggiacque l'Italia, l'abuso delle commende, che riuscì tanto dannoso all'Ordine benedettino, congiurarono contro della badìa verginiana; questi infelicissimi tempi non possono rammentarsi senza lagrime, e la commenda verginiana ebbe a patir le più gravi sciagure. Questa misura, che Clemente V. nella sua apostolica Costituzione dichiarò : *ad noxam redundantes, quae ad profectum cedere dicebantur*, produsse, niente di meno per un secolo e mezzo, irreparabili rovine. Non vi fu cosa che non deviasse da'suoi principî: anche la santità del luogo, il fervore, la disciplina monastica ebbero a risentire le funeste conseguenze. Tutto fu involto nella desolazione e nel disordine. Le ricchezze della congregazione verginiana vennero dissipate in modo incredibile. Dopo più di un secolo di commenda (1), si trovava essa ridotta al punto che, di più centinaia di monasteri, appena se ne conservarono diciotto, e delle grandissime rendite non se ne potè avere che una minima parte, che appena montava annui duc. 20, per ciascun cenobita, e al capo della badìa non restò che il solo titolo di alcuni feudi!!! (2). Senza molto allargarci per dimostrare di qual grave danno furono causa queste commende, a noi basta esporre quanto dichiarò a questo proposito il V. Concilio Lateranese : *Ex Commendis Monasteriorum, uti, magistra rerum, experientia, docuit, Monasteria ipsa tam in spiritualibus, quam temporalibus graviter laeduntur: passimque obloquendi materia personis praesertim saecularibus praebetur non absque dignitatis apostolicae sedis diminutione, a qua Commendae hujusmodi proficiscuntur.* (3).

(1) L'anno 1601.
(2) Vol. 74.
(3) Sess. IX.

Cessati questi lunghi anni di lutto, perocchè nel popolo e nei principi non erasi spenta la venerazione ed il rispetto verso della badia, e i cenobiti d'altra parte tutte poneano le loro cure a ristorare i danni sofferti; a buon dritto e' si sperava di vedere, a poco a poco, ritornare la congregazione al pristino suo splendore.

I fatti corrispondevano a questo pio desiderio. Il fervore si rianimava, il concorso di fedeli al santuario rendevasi semppreppiù numeroso e frequente, i buoni studî si coltivavano ardentemente, e la congregazione venne accresciuta di altri 10 monasteri. Ma mentre tutto annunziava il ritorno dell'antica gloria, mentre tanti illustri cenobiti la decoravano con la santità della vita e con la coltura delle lettere (1), altro nembo andensavasi e minacciava disperdere l'opera de' secoli. Venne in fatti la congregazione compresa nella soppressione degli ordini monastici, effetto funesto della dissoluzione di tutti gli antichi ordini sociali (2). Quegli stessi però che avevano decretato una tanta rovina, non potettero far tacere nel loro cuore il rispetto dovuto a que' luoghi venerandi, ove erasi conservato il sacro fuoco della religione e delle scienze; e però ordinarono che un'adunanza di 25 religiosi, deponendo l'abito verginiano, avessero il carico di vegliare alla custodia del santuario e dell'archivio, che è nel palazzo badiale di Loreto, posto a piè del sacro monte.

Que' pochi religiosi ch'ebbero la ventura di non esser allontanati dalle mura del cenobio, corrisposero pienamen-

(1) Abbiamo letto con grato animo il discorso del ch. av. D. Giuseppe Zigarelli *sull'influenza che hanno le immagini dei grandi uomini ad eccitare nella gioventù studiosa lo stimolo della gloria*, nel quale propone di situare nella sala accademica del real collegio di Avellino il ritratto del nostro abate generale D. Matteo Jacuzio, tra altri sedici uomini illustri della provincia di Principato Ultra.

(2) L'anno 1807.

te allo scopo della loro destinazione, e mentre gemevano
su le rovine dell'intera congregazione loro madre, Iddio
volle confortarli con un avvenimento straordinario e prodigioso. Nel monastero del Guleto fondato da S. Guglielmo,
e che un tempo conteneva due vasti edifizî, l'uno pei
cenobiti, e l'altro per le sacre vergini, riposavano le sacre
spoglie del santo fondatore, che, soppresso il monastero, non
dovevano da indi innanzi esser più custodite e venerate dai
suoi figliuoli. Questo pensiere, che profondamente addolorava il cuore de'religiosi restati alla custodia del santuario, gli spinse a dimandare che quel prezioso deposito venisse trasferito in quel sacro monte.

Gravissime contese ebbero a sostenere con tutt'i paesi
circostanti al Guleto, che, devoti oltremodo al santo, pretendevano a gara che le sue sacre spoglie venissero nella propria chiesa collocate. Ma che non fecero quei buoni solitari? Essi non si ristettero sino a che non furono coronati
di buon successo i loro sforzi. Fu opera speciale di provvidenza celeste il vedere, tra la più tenera commozione di quei
religiosi, tra le vive acclamazioni de'popoli vicini al santuario, ed in mezzo ad una sacra processione, quanto più solenne potea farsi, tornare, dopo sette secoli, su le alte vette
del sacro monte le venerande ceneri del patriarca della congregazione verginiana, annunziando, col suo ritorno alla
badia, ch'egli precedeva di pochi anni la sua restaurazione.

Questo annuncio non tardò ad avverarsi. Ritornato appunto all'antico suo soglio re Ferdinando I. fra le prime sue
cure fu quella di restituire alla badia la giurisdizione spirituale (1), e quindi ripristinarla con una conveniente dotazione (2).

I superstiti cenobiti, rivestendo il desiato abito claustra-

(1) 1815.
(2) 1818.

le, e ritornando uniti a' doveri del proprio stato, intesero subito a rendersi utili alla religione ed alle lettere. Era necessario dapprima un nuovo sinodo diocesano; dappoichè la diocesi, che si compone di sette villaggi (1), era stata, per più anni, priva del legittimo pastore, e a questo santo dovere ampiamente rispose l'abate (2). Il sinodo di Montevergine fu proposto quasi ad esempio (3): tanta era la unzione e la santità, che in esso vedevasi, tanto lo zelo e la prudenza dimostrata da quel santo prelato. E mentre con quest'opera salutare si provvedeva a ristabilire la ecclesiastica disciplina nella diocesi, e ad e-

(1) Questi sono Mercogliano, Valle, Torelli, Ospedaletto, Terranova, S. Martino, S. Giacomo.

(2) Fu questi l'illustre e benemerito P. abate generale e ordinario, D. Raimondo Morales, decoro ed ornamento del chiostro. Ved. la nostra orazione funebre. Nap. 1846.

(3) *Constitutiones Dioeces. Synod. Raymundi Morales. Neap.* 1829. Basti, per tutto quello che potrebbe dirsene, il riportare qui la seguente lettera officiale indiritta al lodato abate Morales, di F. M., da chi presedeva, in quel tempo, al ministero degli affari ecclesiastici—Reverendissimo padre. « Coll'ultima posta vostra paternità reverendissima ha dovuto ricevere il sovrano rescritto, che le permette la pubblicazione degli atti del sinodo diocesano, convocato per cotesta diocesi, dei quali mi rimise copia con rapporto dei 28 del trascorso marzo. Mi do l'onore di passarle notizia, che nel rassegnare a S. M. i divisati atti, non ho mancato di rivelare alla M. S. i pregi di un opera così saggiamente adempiuta, e che merita di esemplare per l'adempimento di una obbligazione pastorale del più alto momento. E mi compiaccio di particolarmente attestarle, che nel leggere gli atti medesimi, non ho potuto che ammirare con quanta avvedutezza, prudenza, ed apostolico zelo. Ella ha saputo corrispondere al fine... Mi resta ora a pregarla di rimettermi per uso del real ministero di mio carico un buon numero di esemplari, tosto che saranno dati alle stampe... Napoli 20 giugno 1829. Divotissimo obbligatissimo servo—firmato. Il marchese Tommasi.

mendare gl'insorti abusi, non si trascurava d'altra parte di far che lo studio delle lettere e delle scienze prosperasse. Che, se mancarono dapprima i modi per riaprire il seminario diocesano, le cui fabbriche cadenti doveano esser rifatte quasi dalle fondamenta, non venne meno il coraggio ai cenobiti. Finchè questo magnifico edifizio non fu compiuto, furono i giovani studiosi raccolti in una parte del palazzo badiale. Ora il seminario è in piedi ed i primi auspicî coi quali ha avuto cominciamento questa grande opera, coronano già gli sforzi de'religiosi, e fanno concepire le più belle speranze per l'avvenire (1). Il numeroso concorso de'giovani anche non diocesani ne fan l'ornamento, e l'abate ed i religiosi non risparmiano cura alcuna, perchè, di giorno in giorno vada semprepiù migliorando, provvedendolo particolarmente di un metodo d'insegnamento, che nulla lascia a desiderare (2).

Lo stesso scopo di diffondere il benefizio della istruzione ha fatto nel medesimo tempo rivolgere le cure de'claustrali alla biblioteca, la quale, perchè tornasse a pubblica utilità, sarà collocata nel medesimo palazzo dell'abate, centro di tutta la diocesi. Questa importantissima opera non sarà lungamente un voto, dappoichè già la biblioteca monastica si arricchì di buone opere, e molte, a mano a mano, se ne vanno acquistando.

Non disgiunte da queste cure sono quelle della pietà. Nel mentovato palazzo dell'abate preparasi quotidianamente una mensa frugale o più centinaia di poveri, e ci è pure una farmacia, dalla quale si dispensano gratuitamente le medicine a tutti gl'infelici infermi della diocesi.

(1) Ved. Omel. del Reverendissimo padre D. Raffaele de Cesare, odierno abate generale e ordinario, in occasione della sua benedizione—Avellino 1847.

(2) Altra seguita dall'ordinamento degli studi—Napoli 1847.

Il divino servizio e l'ospitalità è esercitato sul sacro monte sì, che assicura all'intero istituto verginiano la pubblica riconoscenza. In tal modo la badìa di Montevergine risponde all'insigne benefizio dell'augusto re Ferdinando I. e della S. Sede, che la vollero ripristinata, tra i primi ordini monastici del regno delle due Sicilie, confermandole particolarmente la sua giurisdizione spirituale, come può ravvisarsi dalla bolla dell'immortale Pio VII. il quale, nel 1818, dando una nuova circoscrizione alle diocesi del regno, lasciò intatta quella di Montevergine, adoperando le memorande parole, *che dovesse perpetuamente rimanersi nello stato in che allora si trovava* (1).

Possa Iddio confermare nel cuore de' giovani, che vogliono consacrarsi alla Vergine madre e protettrice della badìa, que' santi e fervidi sentimenti, onde per tanti secoli il cenobio di Montevergine ha dati maravigliosi esempi. Cresca la carità, la istruzione si diffonda, e la chiesa militante di Cristo abbia quel santuario sublime, come una vedetta posta a guardia d'Israele. Così, sulla sommità del sacro monte verginiano, donde l'occhio si spazia su i golfi di Napoli e di Salerno e sul mar di Gaeta; donde la provincia del Principato tutta ti si presenta agli sguardi, e vedi le nevose montagne di Abruzzo, d'Irpino e di Stabia, da sette secoli una claustrale famiglia vive e serve a Dio sotto la tutela della sua santissima Madre, la quale viene invocata in ogni pericolo, supplicata in tutte le afflizioni, benedetta da tutt'i cuori.

(1) Eccone le parole... *Decernimus interea, quod monasterium nec non Montis Virginis, ipsius ordinis S. Benedicti, (nullius) Dioecesis, Provinciae Beneventanae, cum respectivis separatis territoriis et cum ordinariae jurisdictionis exercitio, in eo quo sunt statu etiam in posterum remanere perpetuo debeant.*

Printed by Libri Plureos GmbH in Hamburg, Germany